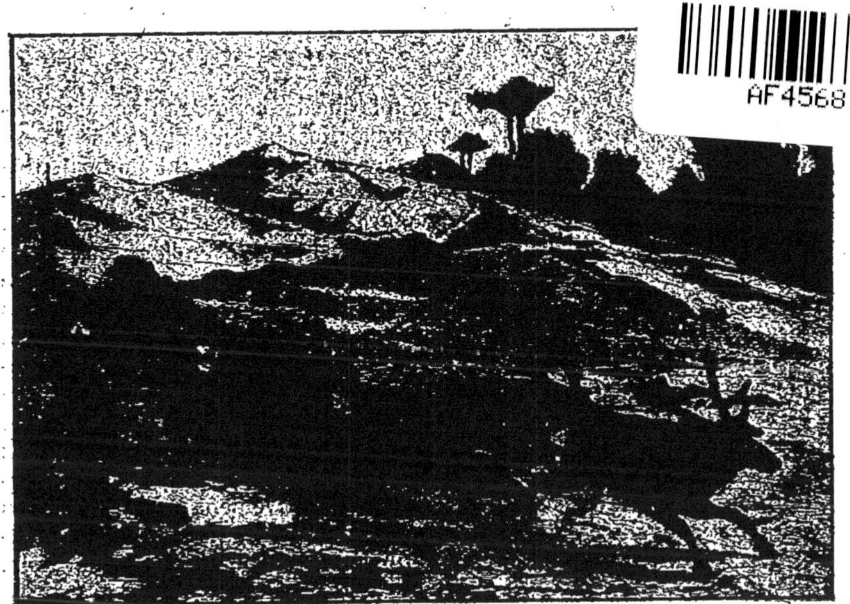

ATTELAGE DE RENNES.

(Cliché de M. Escard.)

LA RACE LAPONNE

I

FRANÇOIS ESCARD.

Tout au nord de la Scandinavie s'est fixée, on ignore depuis quelle époque lointaine, une race d'hommes que l'on croit issus des Mongols, à moins que ceux-ci ne viennent de ceux-là, les ethnologues n'étant guère d'accord à cet égard et ni le folk-lore ni la science historique n'apprenant rien de précis en ce qui concerne leur premier habitat. Nous les appelons « Lapons », mot que nous avons emprunté du suédois ou du danois (*lapp*, *lappèrne*), mais dont l'étymologie est des plus confuses. Ils ne portent, du reste, pas ce nom dans leur pays, où ils prennent celui de *sabme* ou *same* (au pluriel *sameh*, *samelats*), ni chez les Norvégiens, qui ne les connaissent que sous la dénomination de *Finner* (Finnois), et désignent la Laponie par le terme de *Finmark*. Ils n'ont pas d'histoire. Pasteurs et nomades dès les temps les plus reculés, vivant patriarcalement en familles isolées, trop peu nombreux et trop clairsemés pour entrer en lutte avec leurs voisins, loin d'opposer une résistance quelconque à ceux qui, au cours des siècles, les ont attaqués, pillés, rançonnés, ne pouvant d'ailleurs se prêter aucune assistance réciproque, à cause de leur genre de vie errante, et peu belliqueux de nature, ils ont abdiqué leur liberté et leur indépendance, chaque fois que des conquérants ou des bandits sont venus les dépouiller, les subjuguer, les chasser de leurs pâturages, s'emparer de leurs rennes, toute leur ressource. N'ayant jamais eu de héros, ils ne possèdent pas de légendes. A peine celles de Norvège parlent-elles vaguement d'eux, vers le neuvième siècle. Les Danois, qui laissèrent, au quatorzième siècle, exploiter exclusivement par les gros négociants de Bergen les fjords du Finmark, très riches en poissons, ne firent que causer la ruine de la Laponie, et l'abolition du privilège des marchands norvégiens, en 1789, ne rendit pas la prospérité à cette région épuisée et devenue un désert. On fit plus et pis. Sous prétexte de repeupler le Finmark, on y envoya des forçats libérés, qui firent impunément leur proie de cette population douce, craintive, sans défense. Les malheureux Lapons, opprimés par cette colonie de voleurs et d'assassins, ne furent débarrassés de ce fléau que lorsque l'inefficacité de ce remède à leur dépopulation et à leur misère eut été administrativement reconnue; mais alors une nouvelle calamité, encore plus fatale, s'abattit sur eux : la persécution religieuse, inspirée par le fanatisme, et leur sort, déjà si triste, ne fit que s'aggraver.

II

Le Sameland (*Sameadnam*), ou la Laponie, était, au quatorzième siècle, plus étendu qu'aujourd'hui, et comprenait, outre le Finmark actuel, une grande partie du Nordland norvégien, tout le Norrbotten suédois, avec le Lappmark, le Westerbotten, le nord de la Finlande jusqu'à la Tana. Il est certain qu'aux temps éloignés, les Lapons ont même poussé leurs émigrations ou leurs reculs devant l'ennemi jusque dans la partie méridionale de la presqu'île scandinave, comme en témoignent des instruments de pierre trouvés dans quelques fouilles et appartenant tous évidemment à une origine laponne (1). La Laponie actuelle, plus resserrée en ses limites, se partage, comme territoire, entre la Suède, la Norvège, la Finlande et la Russie. Sa population, qui diminue progressivement, n'était déjà plus, il y a dix ou douze ans, que de 25,367 habitants distribués à peu près comme suit : Lapons norvégiens, 15,718; Lapons suédois, 6,404; Lapons finnois, 1,038; Lapons russes, 2,207. Les Lapons purs, de souche asiatique, disparaissent peu à peu pour faire place à la race mixte issue de croisements entre Lapons et Finnois. Ces derniers refoulent d'ailleurs d'étape en étape les Lapons de Suède et de Norvège, qui, en même temps, sont repoussés vers le nord par les colons scandinaves, en sorte que, dans un avenir plus ou moins prochain, suivant une expression qui leur est familière et qui peint bien leur résignation à leur destinée, ils seront rejetés, pour y périr tout entiers, dans l'océan Glacial arctique.

Autrefois, quand ils vivaient, comme nous l'avons indiqué plus haut, à l'état pastoral, quand ils étaient, comme le dit très exactement le prince

(1) Voir à cet égard et sur tout ce qui concerne les Lapons les deux ouvrages principaux qui font autorité, celui du professeur Friis et *la Laponie et les Lapons*, par G. de Duben (Stockholm, 1873). C'est sur ce travail d'une grande valeur qu'est basée l'étude très complète, publiée dans le *Geografisk Tidskrift* (*Mémoires de la Société royale de géographie de Copenhague*, t. VIII, livraison 8, 1885-1886), par M. Boétius, qui fut, avec le savant néerlandais Ten Kate, un des compagnons du prince Roland Bonaparte et de M. F. Escard.

Roland Bonaparte (1), à l'époque du renne, celui-ci leur servait de bête de somme et de nourriture par son lait et par sa chair. Lorsqu'ils disposaient à eux seuls des plaines, des montagnes et des côtes, ils se réunissaient en petites agglomérations analogues à des villages, et ils y séjournaient une vingtaine d'années, tant que les bois pouvaient leur fournir du chauffage pour eux et pour leurs troupeaux. Ensuite, ils transportaient leurs campements plus loin. Ce genre de vie, qui avait très vraisemblablement été aussi celui de leurs ancêtres préhistoriques en Asie, n'aurait pu être autre. « On a de la peine, dit M. Kœchlin-Schwartz, à se figurer les Lapons autrement que nomades et vivant avec leurs rennes. Le Lapon ne serait pas complet sans le renne, et le renne ne se comprend pas sans le Lapon; ils forment un dualisme indivisible. On ne les séparerait pas sans danger pour l'une ou pour l'autre espèce. Enlevez le renne au Lapon, l'homme dépérit. Enlevez le Lapon au renne, l'animal meurt. Le jour où l'on voudra les arracher l'un à l'autre, les deux races ne tarderont pas à disparaître de la surface du globe. »

Ces Lapons nomades sont ceux des *fjelds* (*Fjeldlapperne* en norvégien, *fjaldlaparne*, en suédois.) Les *fjelds* sont les grands champs de neige de la Laponie, « plaines immenses et toutes couvertes de blocs de granit qu'une épaisse couche de mousse de toute couleur a comme soudés entre eux », montagnes sur lesquelles se traînent des forêts séculaires de bouleaux nains qui n'ont pas plus de vingt à vingt-cinq centimètres de hauteur. La neige fondue y creuse de petits lacs réunis par un torrent que l'étranglement entre les roches rend violent et rapide. C'est dans ces *fjelds* qu'avec leurs rennes et leurs chiens errent les Lapons, toujours pauvres, même lorsque leurs troupeaux sont nombreux. Ils campent sous la tente, qui en hiver est recouverte d'une étoffe de laine appelée *wandmal*, et en été de toile. Parfois ils se réfugient dans les *fjeldstüe*, abris crées par le gouvernement pour les voyageurs, et qui ne sont généralement que des baraques abandonnées. Ces Lapons des *fjelds* mènent une existence si misérable qu'on ne saurait la dépeindre dans toutes ses privations et ses souffrances, surtout durant la saison rigoureuse, où ils sont exposés à l'inclémence du climat, aux menaces des loups, et fréquemment forcés de déblayer à coups de hache la neige durcie, dépassant trois pieds de haut, afin de mettre la mousse à la portée de leurs rennes, qui n'ont pas autre chose à manger. Les *Fjeldlapperne* ne tirent quelque argent que de la vente du fromage de renne et de la peau de ces animaux. Ils arrivent avec ces denrées dans les localités de la côte, villages et villes, et y achètent en échange des objets de chasse et de pêche, des vêtements, des morceaux de drap pour recouvrir leurs tentes, sans oublier le café (car ils en sont très friands), qui remplace les spiritueux dont ils s'enivraient autrefois, mais que le gouvernement a interdits.

Les Lapons des bois sont plus heureux que ceux des fjelds. Nomades aussi, mais habitant des huttes au lieu de tentes, ils ont des pacages où chaque possesseur de troupeaux occupe, moyennant une redevance payée à l'Etat, un espace déterminé, et ils se trouvent ainsi, grâce à une sorte d'association à laquelle préside une entente inviolée, dans une condition relativement meilleure que les autres. Il ne faut toutefois pas les confondre avec les Lapons sédentaires proprement dits, qui, moins

(1) Voir dans la *Nature* (nº 634) le savant article du prince Roland.

aisés, mais plus nombreux, vivent au bord des fjords et se livrent à la pêche. Ces pêcheurs se construisent des maisons en bois ou bien des *gammer*, qui sont des cabanes recouvertes de terre et de gazon. Le saumon, qui abonde dans les torrents, pourrait être d'un rapport lucratif, si les Lapons ne se bornaient pas aux engins de pêche les moins perfectionnés, et si tous adoptaient la méthode suivie par un très petit nombre, qui font leur pêche en commun et s'en partagent également le produit, celui-ci dépassant parfois, dans ces conditions, quatre cents livres par jour. Malheureusement, la civilisation n'a jusqu'ici répandu que très peu de lumière parmi ces populations. Ni la religion, ni l'administration suédoise, norvégienne ou russe, n'ont beaucoup changé leurs mœurs. Dans la Laponie norvégienne, ils se sont tous convertis pour échapper à la persécution danoise, mais cette conversion n'est qu'apparente; sous les rites chrétiens persistent les superstitions et les coutumes païennes; ils se soumettent aux lois de l'État dont ils font partie, mais cette législation ne constitue pas pour eux un réel bienfait, car ils ne la comprennent point; tout ce qu'ils en savent, c'est qu'elle les oblige à payer l'impôt, que, les taxes acquittées régulièrement pendant cinq années consécutives, ils peuvent, en Norvège, devenir électeurs, mais que leur vote ne leur rapporte aucun avantage direct, puisqu'en unissant toutes leurs voix sur l'un d'entre eux, ils ne pourraient arriver à lui donner assez de suffrages pour le faire entrer au Parlement. Il y en a, — mais combien peu ! — qui se sont modernisés jusqu'à quitter leurs fjelds, leurs bois, leurs rivières, leurs habitations, leurs rennes même, et qui ont abandonné la Laponie pour aller vivre dans les villes de Norvège ou de Suède, où ils ont adopté le costume des Norvégiens ou des Suédois. Ceux-là, au bout de quelques générations, ne rappellent plus leur origine que par la physionomie ou la taille ; ils ont oublié jusqu'à leur langue; mais c'est l'exception très rare. La plupart, quel que soit le gouvernement qui les régisse, sont demeurés tels que nous les représentaient, il y a un demi-siècle ou un peu plus, les voyageurs qui les avaient le mieux étudiés. Le progrès n'a en réalité pas de prise sur eux; dans la sélection ethnique qui s'impose à l'évolution de l'humanité, c'est, nous affirme la science, une race condamnée à mort. Qui oserait prétendre que, dans un siècle, il en existera encore d'autres spécimens que ceux dont les musées ethnographiques de France et d'Angleterre achètent aujourd'hui les squelettes, afin d'en garder l'image et le souvenir aux générations futures, pour lesquelles il n'y aura très probablement plus de vrais Lapons vivants?

Le récit de voyage en Laponie qu'on lira plus loin est dû à M. F. Escard, compagnon assidu et dévoué du prince Roland Bonaparte dans ses intéressantes excursions si utiles à la science ethnographique. M. Escard ne s'est pas contenté de voir et d'annoter. Il a écrit ses observations et ses impressions. Ce sont des pages de grand attrait où le charme du style se marie à la nouveauté des renseignements et des aperçus. On en appréciera toute la valeur documentaire et l'on regrettera, comme nous, que l'auteur n'ait pas fait violence à sa modestie pour nous donner un ouvrage plus étendu sur un sujet qu'il connaît si bien *de visu*.

Charles Simond.

TROMSÖ. — LE TROMSÖSUND ET LE TROMSÖDAL.
(Cliché de M. Escard.)

EN LAPONIE

I

TROMSÖ ET LE TROMSÖDAL.

Nous voilà entrés dans le fjord de Tromsö à 10 heures 30. Le temps s'est éclairci à fond; le *Jupiter* a arboré sur nos têtes les pavillons de toutes les nations, et le tricolore plus haut au faîte du grand mât; tout à coup leurs étoffes multicolores tombent comme inertes, on ne sent plus aucune brise ni aucun courant dans l'atmosphère, tant ce « Paris du Nord » s'est bénignement abrité au fond de son amphithéâtre de hautes montagnes, vêtues de neiges soyeuses; le navire se range parallèlement à la ville, face à l'ouest, regardant l'île qui porte Tromsö et la colline qui monte doucement derrière les grands magasins et les maisons en bois qui entourent le port. A droite et à gauche, elle descend en deux promontoires allongés; quelques villas y sont disséminées dans la verdure, surtout sur la crête boisée; en face de Tromsö, à l'est, derrière nous, une autre rangée de collines vertes s'entr'ouvre en vallon vers le milieu de l'alignement qu'elles forment et laissent voir une haute cime plaquée de grandes nappes blanches; c'est le

Tromsödal, où sont les deux premiers campements lapons que le prince Roland veut étudier au double point de vue de l'ethnographie et de l'anthropologie.

La vallée qui s'ouvre en face de Tromsö entre trois montagnes neigeuses, le Tromsödal, est notre première et très importante étape. Là campent, une partie de l'année, deux groupes de familles laponnes parties de Karasuendo, en Suède, il y a deux mois, avec leurs rennes, et près d'y retourner dans quelques semaines, comme elles en sont venues, à petites journées. Faisant paître leurs rennes et pêchant dans les nombreux cours d'eau qui descendent des sommets environnants, elles s'abritent avec leurs ustensiles et leurs chiens dans des huttes bâties qui appartiennent aux deux plus fortunés d'entre leurs membres.

Lors de notre première visite, nous les rencontrâmes à un peu plus d'une demi-heure du rivage maritime, en amont; là est un de leurs campements, dans le petit pli que forment les basses montagnes; on y arrive en prenant le chemin qui passe, par une courte allée de bouleaux et de sorbiers, devant le cimetière verdoyant de Tromsö, où sont inhumés aussi bien les Lapons nomades que les citoyens de la petite ville; plus loin, une gracieuse marine, arrondie par les eaux de la montagne tombant dans le Tromsösund, s'ouvre au pied de quelques fabriques; enfin, on enjambe un pont sur un de ces torrents, on entre dans un sentier, on saute de pierre en pierre deux ou trois autres eaux courantes, et, poussant un peu plus haut, on aperçoit l'étroite esplanade caillouteuse où vit en passant la petite tribu. A une centaine de pas au delà de ces deux huttes, étaient parqués cinquante ou soixante rennes, ramenés le matin des plateaux supérieurs. Prévenus sans doute de notre projet de visite par ceux d'entre eux que nous avions pu voir de près la veille dans les rues de Tromsö, où ils étaient venus pour faire des achats dans les boutiques ou pour vendre à quelques particuliers leurs peaux, bois et chair de rennes, les Lapons s'étaient hâtés d'augmenter l'attrait du tableau par la présence de ces précieuses bêtes. Aboiements prolongés de chiens à figure d'ours, de renard ou de loup, accueil bienveillant des maîtres, récompensé par une petite distribution de tabac, de cigarettes et même de cigares, tels furent nos premiers rapports avec les hommes; peu à peu, les femmes apparurent, et, quand tout le personnel parut au complet, le guide et l'interprète firent connaître le but de notre déplacement. Marché fut conclu au prix d'une demi-couronne par tête mensurée et photographiée; huit portraits et études, dont trois femmes, furent exécutés ce jour-là; puis nous dévalisons les deux huttes — argent comptant, cela va sans dire — de tous les objets caractéristiques des usages et des mœurs de nos complaisants Lapons. Ces gîtes étaient formés d'un assemblage de perches et de plaques de terre gazonnée qui défie la description. Nous y pénétrons un à un, en deux séries d'invités, par une porte de 1 mètre à 1m,50 de haut, et finissons par distinguer des jambes et des chiens allongés pêle-mêle autour d'un foyer central formé de quelques grosses pierres, et dont la fumée s'échappe difficilement par un trou supérieur. Quatre poteaux supportent le cadre de cette ouverture, au-dessus de laquelle reste suspendue à une poutrelle transversale la cafetière-chaudron ou la marmite de service pour le moment. A l'opposite des chiens et des pieds, les bustes des habitants s'appuient aux parois de la hutte parmi les cordages, les peaux et tout le matériel de la cuisine ou des industries domestiques. Chacun de nous fit des acquisitions selon son goût, et la collection s'accrut d'un couteau et d'une cuiller en bois de renne, de sacoches et d'autres bibelots intéressants. — L'un des plus curieux ne put être acquis : un berceau que nous vîmes suspendu à l'entrée de la seconde hutte, devant laquelle une jeune maman allaitait son bébé. Rien de plus gracieux que le balancement de ce petit meuble que le moindre mouvement de la main, et, semble-t-il, l'oscillation seule de notre planète suffit à mettre en danse.

Pendant nos opérations anthropologiques et photographiques, les rennes étaient remontés à leur pâture en liberté.

Nous étions partis tard de la ville; il fallait y retourner sans atteindre le second campement. Nous dîmes au revoir à nos hôtes en les considérant une fois encore dans leur cadre naturel, avec leurs costumes bariolés de rouge, de bleu, de jaune, de gris, mais, malheureusement pour eux et pour notre goût, bien malpropres.

Le chemin qui conduit au campement le plus éloigné ne suit pas le fond de la vallée. Le 9 août, après avoir pris, comme la veille, la petite allée qui commence presque au village de Storstennœo, derrière une usine à huile de poisson, nous traversâmes une longue prairie, et, poussant la porte à claire-voie pratiquée dans la clôture qui sépare, à cette hauteur, les herbages d'avec les prés indivis, nous commençâmes à pénétrer, à mi-côte, sur la droite, dans un joli bois de bouleaux dont la petite ombre légère tombait sur le chemin. Les rares éclaircies étaient remplies de ces fraîches baies rouges qui croissent en bouquets au ras de la mousse, et quelques marguerites étoilaient le gazon où sautillaient deux ou trois ruisselets. A la rencontre d'un fort torrent, le bois perd son bel aspect de parc; il n'est plus qu'un taillis, sur l'autre rive, qu'il faut atteindre de roc en roc, — non sans que deux d'entre nous y laissent prendre un bain forcé à leurs jambières, — et nous voilà en face du campement visité la veille. Le site nous apparaît tout entier, au bout d'un promontoire que forment au-dessous de nous deux torrents élargis en petites rivières escarpées. Un quart d'heure après, en amont, nous pouvons passer à gué ces eaux, ralenties plus haut par des coudes rocheux, et nous retrouvons nos Lapons de la veille mêlés à ceux que nous devons étudier aujourd'hui. Cette journée du 9 août fut féconde. Hommes et femmes du second campement, quatorze Lapons, sont saisis sur le vif, de face et de profil; leurs lignes crâniennes sont mesurées, leur vision et leur force manuelle analysées à l'aide d'instruments et de procédés nouveaux; comme la veille, nous conquérons, monnaie en main, maintes curiosités ethnographiques, un lasso, un collier pour atteler le renne, des boîtes en bouleau, une cuiller à pot de forme inattendue, une de ces ceintures de laine tissées par les femmes, et dont le dessin est si original.

VUE DU PORT DE VADSÖ ET DES ÉTABLISSEMENTS BALEINIERS.
(Cliché de M. Escard.)

Dans l'une des huttes nous avons rencontré un prêtre, — ou, du moins, on nous a désigné comme tel un vieillard qui n'est pas de la famille, qui la suit ou plutôt l'accompagne; de temps en temps il lui lit et lui explique quelques pages de l'Évangile (les Lapons sont luthériens). Ce philosophe a refusé de se laisser photographier, sous prétexte qu'il nous avait entendus demander leurs noms aux divers individus étudiés, et qu'ayant son nom « au livre de vie, il n'avait pas besoin de l'avoir au livre du diable ». Ainsi appelle-t-il sans doute tout ce qui lui paraît entrepris dans un but plus ou moins mondain; peut-être aussi était-il fâché que nous eussions interrompu sa prédication; il m'a pourtant gracieusement laissé prendre le titre de son livre : *Nusi Testament*, édité à Stockholm (en lapon), 1861, in-8° de 440 pages. Le lendemain, en fai-

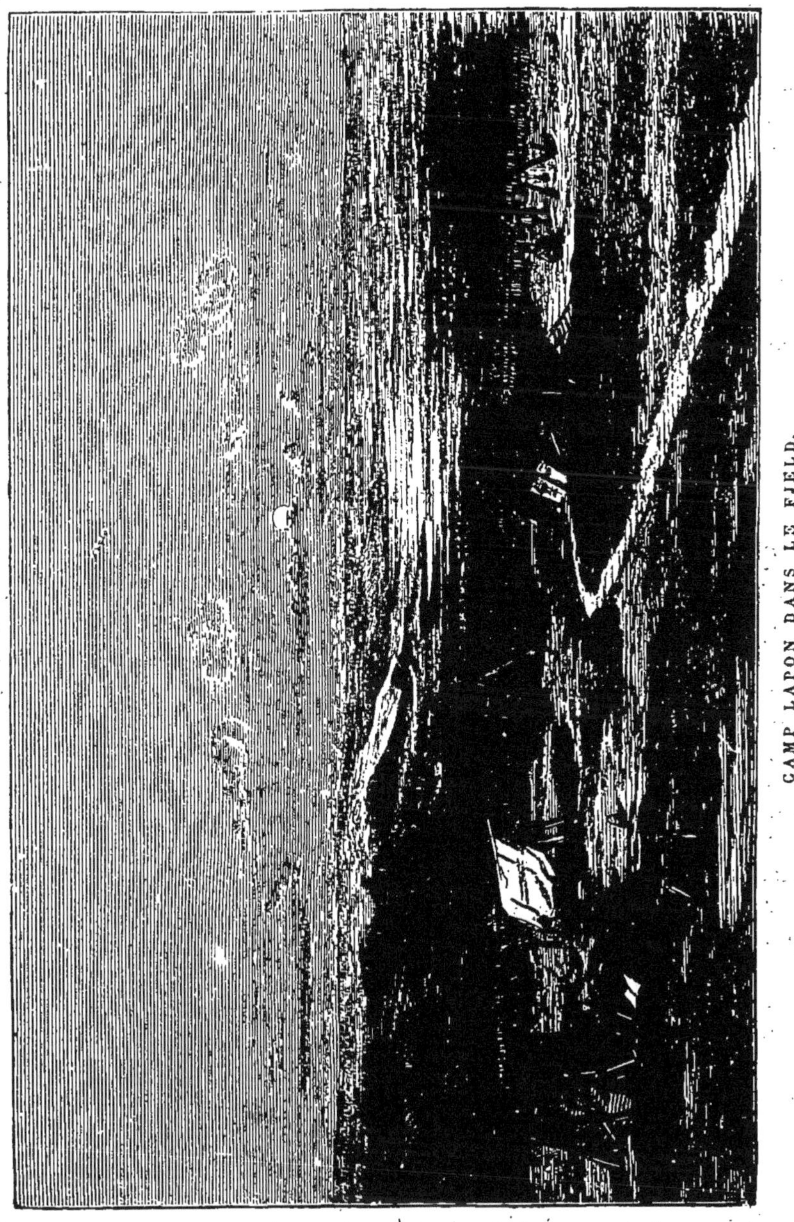

CAMP LAPON DANS LE FJELD.

sant des achats, nous l'avons revu vaguant dans la ville et, chose extraordinaire, quasi surnaturelle pour un Lapon, se lavant le visage devant une fontaine, en public!

Les magasins de Tromsö sont riches en fourrures de toutes

sortes et en objets d'invention laponne ou destinés aux Lapons; le troisième jour après notre arrivée, nous courûmes en détail la ville, et, avant de repartir pour atteindre le Varanger-fjord, on put expédier à Saint-Cloud une caisse de produits destinés à la collection ethnographique du prince Roland et comprenant, entre autres choses, un costume complet lapon, des peaux d'oiseaux aquatiques, une peau de lièvre blanc et une peau de glouton.

J'aurais bien voulu pouvoir y joindre quelques pieds vivants de cette puissante *Heraclea siberica* aux caules si aromatiques, embaumant tous les jardins publics et particuliers de Tromsö, dont nous avions déjà remarqué à Throndhjem le parfum vigoureux, mélange d'anis, d'absinthe et d'angélique (1) et qui porte ses ombelles annuelles à trois mètres de haut; — mais l'*Orion* fume dans le Tromsösund : il faut repartir cette nuit...

II

HAMMERFEST ET VADSÖ.

Que de jolis villages, tout lapons, ne nous a-t-il pas été donné de saluer en passant, dans leurs étroites anses au fond d'un plus grand fjord, où les détours inaperçus des montagnes les abritent! Et les tableaux charmants que ceux que venaient former sous nos yeux leurs canots peints, pleins de rameurs, de rameuses, en costumes aux couleurs vives, tournant autour de notre bateau à vapeur pour lui confier quelques caisses ou barils, et pour en recevoir des lettres ou faire commander des poteries ou de petits meubles de Copenhague et de Christiania! Tout le long de la route, nous avons aussi embarqué quelques passagers lapons allant vers le Nord pour affaires ou rentrant dans leurs pêcheries; car nous avons devant nous maintenant des *sédentaires* pour la plupart. Lorsque, après avoir quitté Tromsö, par une nuit brumeuse qui nous cachait le Tromsödal, nous nous sommes retrouvés sur le pont le 10 août au matin, deux Lapons étaient avec nous. Renseignements pris, l'un est un riche propriétaire de rennes; il en a huit cents, nous dit-on; l'autre, portant un pantalon noir, s'il vous plaît, sous son manteau indigène, est le maître d'école de Karasjok, rentrant d'un voyage dans le Sud! Plus loin, ce petit homme, à l'air propret, qui prend place à bord avec sa femme, à l'avant, questionné par notre interprète, sourit et se déclare rentier! — « Rentier ? » Oui, il a « maison » et vit des revenus de son argent placé. Lui a-t-il fallu en pêcher et en vendre de ces « cabillauds », dont l'entrepont se gorge à chaque nouvel arrêt du

(1) « Nous sommes allés chercher... l'angélique aux montagnes de la Laponie... » (DEPPING, *Description de la France*, t. I, p. 51.)

paquebot et dont il a le placement assuré, chaque année, à Hammerfest.

Si Hammerfest n'est pas la ville la plus septentrionale du monde, elle est du moins la plus septentrionale de l'Europe. Le pays m'a cependant plus d'une fois rappelé, dans ses aspects maritimes, tantôt notre grand étang de Berre, avec ses lointains lumineux de montagnes, et tantôt, quand la brume couvre les horizons éloignés, les belles eaux resserrées du lac des Quatre-Cantons. Tout entière outillée pour le débarquement ou l'embarquement, on ne la voit elle-même formée que de wharfs, de quais, d'échelles; c'est ici que se concentrent les produits pêchés dans les grands fjords du Nord, et qu'ils sont échangés contre des marchandises étrangères, en telle abondance, qu'il y a des marchands qui ne trafiquent pas sur moins de quatre à cinq cent mille couronnes de produits par an; en ce moment, une flottille russe est dans le port, apportant bois et farines d'Arkhangel et de Kola dans une quinzaine de barques, dont chacune est la propriété de son patron, et qui vont remporter d'ici poissons et pelleteries, troqués contre leurs denrées; aussi les marchands, et un peu tout le monde, parlent-ils le russe à Hammerfest.

Les Lapons des côtes fournissent une part importante de ces produits : morues sèches, huiles, guano fait des têtes et des vertèbres de poissons. Sur tous les rivages, de Tromsö à Hammerfest, nous les avons vus à l'œuvre.

Autour du Kvalö, dont Hammerfest est la grande ville, sont disséminées de nombreuses stations laponnes qu'il faut aller chercher, il est vrai, à travers l'archipel, au fond des anses peu fréquentées où elles sont abritées. Le *Nor*, qui dessert l'Alten, fait chaque semaine le service de ces fjords et prend sa direction, règle son retour, enfin espace ses escales selon les voyageurs et les marchandises qu'il doit transporter, tout en faisant la poste. Il a été possible au prince Roland de profiter de ces alternances pour fréter le *Nor*, en vue de ses études, pendant deux jours, le 25 et le 27 août. Nous avons visité ainsi le premier jour trois stations des deux côtés de Rapperfjord, dont, à la fin de la journée, Kvalsund-Kappel. Après les pasteurs du Tromsödal, avant les pêcheurs du Varanger et de l'enclave russe de Boris-Gleb, nous voici en présence des Lapons agricoles. Établis au pied de hauts rochers à travers lesquels grimpent leurs moutons, leurs vaches ou leurs chèvres, ils cultivent quelques petits terrains entre la mer et la montagne. Le poisson est leur plat principal, là encore; mais ils y joignent la chair de leur bétail, qu'ils alimentent l'hiver du foin réservé à l'automne, et dont ils emploient aussi le lait et la laine. — Précisément en face de notre première station, à Beritsfjord, dans un petit hameau de quatre huttes, voici un métier à filer. La trame est en fil de corde; la navette est l'œuvre mal dégrossie d'un ouvrier malhabile; la tension verticale est obtenue par le poids de quartiers de roche inégaux; le tout forme enfin un ensemble

UN « GAMME » EN CONSTRUCTION AUX ENVIRONS DE MORTENSNŒS.
(Cliché de M. Escard.)

assez rudimentaire, mais le travail obtenu n'est pas laid; les bigarrures grises, blanches et noires, qui se dessinent dans l'étoffe, sont

LE SOLEIL DE MINUIT VU DE TROMSÖ.

(Cliché de M. Escard.)

vives à l'œil, et le produit est solide comme il convient à ces rudes climats.

Un peu plus loin, le tableau de la vie agricole s'agrandit. C'est ici une troupe de faneuses dans leurs longs fourreaux de drap bleu; elles retournent, avec leurs longs râteaux coloriés, l'herbe coupée, garnie encore de ses fleurs; le précédent hameau était campé sur un bourrelet de roches faisant parapet au-dessus des eaux : en se prolongeant ici, il s'est élargi et monte en pente douce vers les plateaux, où nous voyons distinctement à l'œil nu quelques rennes, dont un blanc, écartés du troupeau qui pâture sans doute sur « le fjeld » dont nous n'apercevons que la bordure. Un petit ruisseau qui en descend glisse jusqu'à la mer, vallonnant la prairie, où sont plantés cinq ou six « gammer » lapons; un vieux père, la barbe en collier, surveille de loin des serviteurs qui sont occupés, en contre-bas, à faucher, et dont l'air de santé et de bonne humeur contraste avec la réserve ordinaire et la timidité des pêcheurs que nous avions vus jusque-là. On entre en rapport, on questionne, on mesure, on photographie, et, quand nous partons, des divers points de la scène agreste, les « farewell! farewell! » nous accompagnent jusqu'au bateau à l'ancre, qui va nous porter à Kvalsund. Les mêmes tableaux et nos études nous ont retenus dans cette station jusqu'aux dernières heures du jour.

L'expédition du surlendemain nous a entraînés dans le Refsbotten, dans deux sites presque contigus, qu'un grand « elf » cependant sépare : Kogelf et Ruself. Du premier de ces hameaux, on dirait un campement indien, tout entouré de palissades, du côté de la mer comme du côté du torrent qui le limite vers les terres de l'autre station. — Celle-ci m'a rappelé les plus pauvres gîtes de la banlieue parisienne, les plus misérables cahutes des chiffonniers; mais les types n'en sont que plus caractéristiques et plus précieux pour nous : ils fournissent pour la collection du prince Roland quarante-cinq photographies, et des notes intéressantes de voyage.

Chemin faisant, une seconde semaine a commencé, puis s'écoule, et nous arrivons devant le cap Nord, but extrême de la plupart des touristes, mais qui n'est pour nous qu'une étape. Il est cinq heures du matin. D'une cabine à l'autre, on s'appelle. « Le voilà, le Nord-Cap, levez-vous! Tout le monde sur le pont! » En effet, pas un des nôtres n'y manque.

Quelques nuages glissent sur la belle masse rocheuse; mille oiseaux voltigent à l'entour; au nord, un halo magnifique semble se former pour servir de contraste, en même temps que de complément, à la grandeur de l'immense table de pierre dont les parois latérales descendent à pic dans les flots. — Ce promontoire n'est pas le plus septentrional; un autre cap à l'ouest monte plus au nord d'à peu près 925 mètres vers la mer Glaciale; mais celui qui est bien véritablement le Nord-Cap, c'est celui qui termine ainsi devant nous, de son monolithe imposant, la longue chaîne de montagnes qui sépare la Scandinavie dans toute sa longueur, et dont nous suivons les côtes depuis Throndhjem. La mer n'est pas toujours commode dans le passage de ces deux pointes : « Il y a deux ans, en février, un soir, — nous raconte le capitaine, — il fallut stopper par gros temps entre le Knivskjörodden et le cap Nord; la tempête augmentant, les ancres furent rompues, et le vaisseau alla frapper à la côte; les passagers furent sauvés; mais le navire avait été si endommagé que le sauvetage dut marcher au plus vite, et d'abord aux étrangers; le jour venu, il manquait l'employé de la poste; on le cherchait en vain, lorsque, le soleil ayant dissipé les dernières brumes, on aperçut au haut du Nord-Cap une forme blanche s'agitant, faisant des signaux au large, sans apercevoir les autres passagers cachés sous les anfractuosités du rocher. Lorsqu'on fut arrivé sur la plate-forme, où la peur de la tempête et le zèle pour son service l'avaient porté, au saut du lit et à travers la nuit, il tenait attaché à son épaule le colis de lettres, sa chemise flottant en bannière, mais la casquette d'uniforme au chef!... »

Tandis que l'éclatant iris qui s'était posé en arche lumineuse sur l'horizon polaire — pendant le quart d'heure de notre marche devant le cap Nord — s'évanouissait au sein des flots, ce vaste monument granitique s'effaçait aussi peu à peu à nos yeux : d'abord fondu dans la brume par en haut, puis caché presque en entier par un autre épaulement du continent, il échappa tout à coup au regard dans le mouvement de marche de l'*Orion* vers le Sud-Est.

L'esprit plein de ce spectacle grandiose, je cherchais à le ressaisir en imagination encore une heure après, à Kjelvik, de l'autre côté de Magerö; au milieu du fracas d'un débarquement de briques carrées et de ciment de Portland, — j'en redisais les merveilles à un de nos compagnons, moins favorisé que nous : « N'avez-vous pas trouvé plus beau cependant le mirage qu'on a vu il y a huit jours vers les Loffoden? » dit un passager cantonné près de nous par le va-et-vient des déchargeurs du navire, et qu'à sa tournure de gentleman en voyage, avec casquette et élégant complet écossais brun, on reconnaissait aussitôt pour un Anglais. Sur notre réponse que nous avions traversé l'archipel des Loffoden juste sept jours avant seulement, il se met à nous détailler, en français, un tableau de montagnes volantes, transportées et remportées sans cesse par des nuages imaginaires; de bateaux transparents, abîmés et aussitôt redressés, soulevés des flots par le jeu changeant d'une lumière fantastique; et puis, — comme autour de ce *fliegende hollænder*, ce vaisseau fantôme pour lequel Wagner a écrit une musique si étrange, — tout, montagnes, nuages, navires et flots aériens disparaissant en un instant, comme à la fin d'un rêve. Nos regrets furent grands de n'avoir pu assister à ces phénomènes météo-

GAMME (HUTTE DE LAPON) DU VARANGER FJORD.
(Cliché de M. Escard.)

riques, assez fréquents d'ailleurs dans les parages norvégiens, où la lutte des bouffées chaudes du Gulf-Stream et des vents glacials arctiques peut produire des effets d'ombre et de lumière, ainsi que de chaleur et de froid, les plus inattendus; mais je dus à cette

FAMILLE LAPONNE.

occasion un compagnon de bord jusqu'à Vardö, qui m'a paru bien renseigné pour tout ce qui regarde ces régions.

Notre Anglais avait pris place sur l'*Orion* devant Oksfjord, en quittant le *Nor*, ce petit vapeur postier qui fait le service des Stjernö, Sorö, Sejland, Kvalö, et de l'Alten-fjord, c'est-à-dire de tout le district au nord du Tromsö-amt. Il est naturaliste et, pour le moment, étudie la pêche à la baleine. Il nous a montré l'une de ses photographies de voyage, qui représente « pour la première fois », dit-il, la baleine *megaptera-boops*, dans le site de fonds de Vadsö. Il nous dit aussi que, le matin, nous avons évité un des petits vapeurs baleiniers de M. Foyn devant le Nord-Cap. — Il y a quinze jours, on a vu, d'après lui, dans le fjord de Christiania, un dauphin blanc du Spitzberg, par conséquent bien au sud de ses fréquentations ordinaires. Notre zoologiste a passé deux automnes au Spitzberg, en 1882 et en 1884, et, dans sa dernière campagne, y aurait trouvé deux espèces d'oiseaux qu'on n'avait pas encore atteintes avant lui. C'est avec M. Rabot, l'un des auteurs de la traduction française du *Voyage de la Véga,* de Nordenskjöld, que s'est effectuée sa dernière campagne, à l'aide d'un yacht frété de compte à demi avec notre compatriote : du moins est-ce ce que j'ai pu lire dans le récit de ses découvertes, qu'il a fait pour le *Zoologist* de Londres, dans une brochure sur laquelle je lis aussi son nom : Cox. Que ce journal, s'il passe à sa portée, lui communique mon bon souvenir ! Il lui rappellera en même temps un des gais épisodes de notre commune excursion et le bon Lapon qui en fut le héros complaisant et satisfait.

A Hammerfest, nous avions pris, aussi sur l'*Orion*, un Lapon des montagnes, qui vient de passer un mois à l'hôpital catholique de cette ville, fondé il y a cinq ou six ans. Invité par moi à monter sur la dunette, où je veux lui faire voir l'appareil photographique pour le familiariser avec l'instrument et l'amener à se faire portraicturer, il me montre son pied droit et hésite à gravir l'échelle en fer ; j'insiste, croyant qu'il s'agit de la difficulté que peut avoir sa chaussure laponne sans talons à grimper pendant que le bateau est en marche, et je le précède ; il me suit avec douceur et me fait comprendre ensuite que c'est pour une blessure à son pied qu'il est venu se faire soigner si loin de la Tana. Une roche avait roulé sur lui et avait failli le tuer. Il nous montre les gants de laine que sa femme a tricotés pour lui durant sa maladie et qu'elle vient de lui faire parvenir pour son retour. Il se dit bien heureux de retourner à ses montagnes, à sa femme, à son enfant, au troupeau de rennes dont il est le gardien pour un parent plus riche que lui !... Siva Elias Phara — pour l'appeler par son nom patronymique — avait été circonvenu en vain par moi depuis de longues heures pour le décider à laisser faire sa photographie. L'appareil l'effrayait. Il n'en comprenait bien ni le mécanisme ni le but. Allait-il sortir de l'objectif quelque chose qui s'incarnerait en lui ! ou, au contraire, quelque particule essentielle de son propre esprit ne s'échapperait-elle pas pour aller dans la chambre noire se fixer sous forme d'une image qui, lui disions-nous, lui ressemblerait trait pour trait? La nuit avait passé; il hésitait encore au lendemain de nos tentatives combinées : « Siva, disait notre interprète, il faut vous avancer : si le temps devient mauvais, nous ne pourrons plus *prendre* votre figure. » Et l'indécision de redoubler. M. Cox vint aussi lui expliquer, en lui montrant une de ses épreuves de naturaliste, comment le soleil agissait par des effets de lumière de l'objet à l'objectif. Appréhension nouvelle, à l'aspect des grands cétacés reproduits sur l'épreuve, mais *expirés*. — Pendant ce temps, l'homme aux huit cents rennes ne cessait de tourner autour de la dunette, n'osant monter sans y être invité par nous, n'étant qu'un passager de l'avant. M. Cox lui fait un signe, il monte et, plus hardi que Siva, veut bien s'approcher de l'appareil; puis il entre en rapports plus directs avec les nôtres, se met près du mât, le toise du regard, — nous fait dire qu'il reconnaît le drapeau français, sans doute en sa qualité de richard habitué à des déplacements plus fréquents que n'en font ses compatriotes, et, enfin familiarisé avec nous, il consent à prêcher d'exemple et à se laisser photographier. Il pose; notre photographe met au point. « Ne bougeons plus! » Il va retirer la glace dépolie et, pour cela, il relève la toile : mais Siva s'est approché, il a vu... il a vu l'image renversée, les pieds en l'air, la tête en bas, la situation des bras en raccourci! Il bondit en arrière et, sans l'obstacle que je lui oppose, il eût roulé au bas de l'escalier qu'il avait eu tant de peine à franchir. L'opération faite cependant, il s'approche de son compatriote, il le tâte; il n'en revient pas. Un de nos cigares français avait été la récompense de la docilité de celui-ci; — pour décider Siva, on lui en offre un; il le tient dans la bouche par le gros bout..., je le lui remets dans le bon sens, mais il ne pense pas à le couper avec ses dents, et j'essaye en vain trois allumettes. — Pourtant il comprend, il le coupe et garde le morceau détaché dans sa joue! Je le lui fais jeter. Tant de prévenances de notre part le touchent enfin au cœur et, d'un bon élan, il vient s'appliquer au pied du mât avec résignation. Il va poser! Ah! ouiche, il a fallu, un quart d'heure durant, lui faire comprendre par expérience le renversement de l'image et, l'un après l'autre, aller nous placer devant l'objectif, lui sous la toile, répétant nos gestes des bras et des mains pour nous faire voir qu'il a bien saisi. Enfin, c'est lui qui est pris dans un instant où il y pense le moins, et il figurera dans deux poses, debout, puis assis, avec sa bonasse physionomie, dans la collection du prince Roland. Nous voilà à la tête de plus de cent types déjà, au moment où je vous narre, en marchant vers le Varanger fjord, le menu de cette scène! Jugez d'après ce trait de la patience qu'il a fallu déployer, en même temps que de la variété des moyens qu'il a fallu inventer, selon les âges, les sexes et la position sociale de nos modèles improvisés.

En effet, voilà que nous les disséminons, chemin faisant, aux quatre coins de Finmark. A l'arrêt devant les hautes roches schisteuses de Repwaag, dans le Porsanger-fjord, nous déposons vers trois heures, le 11 août, le Lapon aux huit cents rennes, en même temps qu'un chargement de barils vides à remplir d'huile de foie de morue pour Hambourg, de beurre, de laines, de bouleau, d'œufs enchâssés par « seizaines » dans de petites boîtes à claire-voie. — Siva Elias Phara se rapatrie à Kistrand, quelques heures après, et nous envoie ses « beau jour ! » prolongés du haut d'une barrique

VADSÖ. — UNE BALEINE AMENÉE A QUAI.
(Cliché de M. Escard.)

de pétrole couchée dans la barque qui l'emporte. — Le maître d'école de Karasjok, Mathis Isaakson, s'arrêtera le lendemain dans le Tana-fjord, à Vuoppe, lieu de sa naissance, m'a-t-il semblé entendre. De la Tana à Karasjok, il y a loin, qu'il reprenne le chemin de la mer jusqu'au fond de Porsanger-fjord ou qu'il aille par les montagnes ; mais ses sentiments filiaux ou autres seront satisfaits pour un an.

Cependant, notre pont se vide peu à peu de la sorte, et de même l'entrepont. Au départ d'Hammerfest, celui-ci avait tout l'aspect d'un compartiment de l'arche de Noé : un lit avec une femme malade et trois petits enfants endormis autour d'elle sur des sacs, un chat noir perché sur un rouet peint de vives touches bleues et rouges; — une cage de canards; deux moutons; une vache, une chèvre. Quand je descends le matin du 12 août, les moutons ne

L'ENTRÉE DU SALTENFJORD, PRÈS DE BÖDÖ.

bêlent plus; ils ont été sacrifiés, partie pour notre usage direct, partie pour salaisons; la vache a été descendue pendant la nuit dans quelque village; les canards et la chèvre sont encore là, et deux poules, nouvelles venues, picorent autour de leur cage. Aux sons baroques d'un harmonica, un paysan danse, avec la légèreté de l'oiseau de Saint-Luc, une sorte de bourrée extravagante aux grands éclats de rire des trois ou quatre filles de cuisine. La pauvre femme malade dort au milieu de ce brouhaha ou fait semblant de dormir, le visage épuisé, le corps presque inerte, son chat noir pelotonné maintenant sur ses pieds, au bas du lit. Quelles sont ces épaves? Le mari, le père n'est pas là. L'ont-ils laissé dans quelque province du Sud, au cimetière, mort avant l'heure, dans ce défrichement qu'ils étaient allés commencer peut-être, au lendemain de leur mariage, exilés volontaires et maintenant vaincus par le sort? N'est-ce pas leur point de départ pour une si triste destinée que marque, à Finkongkjelen, cette pierre dressée sur le rivage, fruste et irrégulière, sur laquelle nous pouvons lire à distance : *Eosmid, Dolmag*, 1879 *posuerunt!* — On y débarque justement deux caisses de poterie de Christiania. Sont-ce de nouveaux ménages qui les attendent et qui, à leur tour, vont essaimer sans avoir de meilleures chances à tenter?

Ces parages peuvent sembler riants cependant, dans une saison moins tardive que celle où nous les côtoyons, sous la lumière tamisée des nuages en course sur leurs cimes brillantes; mais, que le brouillard se forme, qu'il jette sur elles son manteau couleur de suie, et ses ombres portées, épaisses et impénétrables aux rayons, font bientôt de ces hauts et tristes rivages, sans arbres et sans herbe, une terre de désolation et d'effroi. Un soir, en fin d'août, au moment où nous arrivions devant Vuoppe, vers le milieu du Tana-fjord, une brume qui nous suivait depuis le matin n'avait pu encore se relever complètement à huit heures; tout ce qu'avait pu faire le soleil en descendant avait été de passer latéralement dans les joints les moins condensés des nuages et d'aller éclairer sur l'est quelques sommets, qui seuls luisaient du côté de la nuit, sans qu'on pût même voir à l'occident le foyer de cette lumière quasi artificielle; l'eau était bariolée et comme badigeonnée de couleurs multiples, les nuages bas, disposés parallèlement aux flots, comme les faux horizons d'une scène, leur renvoyant de haut en bas des cascatelles de lueurs, interrompues de larges plaques verdâtres, où avaient peine à se mirer les bords des montagnes que nous touchions presque. On ne découvrait les petites pêcheries, telles que Vuoppe, que lorsque l'avant du vaisseau était presque sur les barques, au rivage, toutes abandonnées; la petite jetée de bois sur pilotis, terminée en plate-forme, atteste seule, par la présence du poisson qui l'enguirlande en séchant, pêle-mêle avec le linge frais lavé, qu'il y a là quelques habitants. En effet, l'eau bruit et pétille sous les rames; un Lapon, vêtu de gris comme nos Camisards du Tarn, mais avec des rubans rouges et bleus sur sa blouse de laine, vient apporter une petite caisse de cinq gros cabillauds, qu'on lui achète pour le restaurant de l'*Orion*, au poids de la balance romaine; puis nous tournons et nous repartons, comme au hasard, derrière un contrefort de montagne que nous n'avons aperçu qu'en y touchant. La machine siffle; une autre barque vient aborder, le drapeau norvégien à son mât. Elle reçoit et donne des lettres dans l'obscurité, puis s'enfonce dans son brouillard humide où elle semble se diluer.

Le lendemain nous rendait heureusement le soleil, vainqueur de l'hiver prématuré. Il faut, dès le matin, ôter les fourrures et rester en demi-saison; en passant devant le Vardöhuus vers les cinq ou six heures, déjà tout se ressent de la direction au Sud. Enfin, voici Vadsö et le Varanger fjord qui s'ouvre tout lumineux devant nous, et, dans la maison qui va nous servir de logis, le thermomètre du « salon » marque, à onze heures, 12 degrés; la veille et l'avant-veille, nous n'avions pas remonté au-dessus de 7 et de 8 degrés.

III

DANS LE VARANGER FJORD.

Le golfe de Varanger, ou Varanger fjord, est le seul des golfes norvégiens qui entre dans les terres dans la direction de l'est à l'ouest; il a, depuis Vadsö, une profondeur d'une cinquantaine de kilomètres. Tout au fond, il se partage en deux branches dans les sinuosités desquelles s'abritent de nombreuses populations de pêcheurs; c'est sur la rive gauche du golfe, c'est-à-dire regardant au sud, que se trouve la commune de Nœseby, dont l'écart de Mortensnœs fait partie.

Mortensnœs, ou « cap de Martin », est, en effet, un petit promontoire, autour duquel sont éparses une douzaine d'habitations avec cinquante et un habitants; d'abord, près du rivage, la maison en bois du marchand, ses magasins et sa boutique, et le wharf sur pilotis pour y accéder. Au delà de quelques rochers qui viennent mourir sur le bord des eaux du golfe, des familles finnoises ont dressé, il y a peu d'années, leurs maisonnettes et leurs étables; plus haut, au pied de la montagne, sont les *gammer*, ou huttes, de deux familles de Lapons.

Le Stor-Fjeld, ou « grand plateau », qui domine au nord ces groupes d'habitations, est un pâturage d'été, entrecoupé de deux lacs qui s'écoulent furtivement à travers la masse schisteuse jusqu'à la mer. Au plus lointain horizon que l'on distingue sur cette hauteur vers le nord, on aperçoit une ligne circulaire de bois et de forêts. Les eaux qui émanent du plateau se transforment, autour des maisons des Finnois, en un petit ruisseau que ceux-ci utilisent pour leurs besoins domestiques; au-dessus, les Lapons en ont déjà arrêté au passage une infiltration pour s'en faire une citerne.

Une route neuve, construite en 1869, et destinée à relier depuis Vadsö tous les villages épars sur la côte du golfe, sépare les Fin-

DANS LE TROMSÖDAL.
(Cliché de M. Escard.)

nois des Lapons; enfin, une ligne télégraphique passe au bas de cette route. Entre la voie télégraphique et le chemin, en avant des maisons finnoises, subsiste un ancien monument mégalithique, pierre levée entourée de quatre ou cinq cercles concentriques encore visibles dans l'herbe.

Les Finnois établis à Mortensnœs sont agriculteurs, c'est-à-dire

LA POSE DE SIVA ELIAS PHARA.
(Cliché de M. Escard.)

qu'ils élèvent un peu de bétail et transforment quelques parcelles de la prairie qui les entoure en petites cultures potagères. Les Lapons sont exclusivement pêcheurs.

Le « marchand » qui habite ces sites reculés est une institution particulière. Installé par autorisation spéciale du gouvernement et comme par privilège, moyennant le versement préalable d'un petit nombre de kronors, c'est lui qui centralise tous les produits de sa région; les Lapons nomades des plateaux environnants lui apportent les peaux, les bois et même la chair de leurs rennes; les pêcheurs lui remettent la plus grande partie du produit de leur pêche; les agriculteurs, la portion de leur récolte qu'ils n'emploient pas directement. En échange, et par une sorte de troc, le marchand fournit aux uns et aux autres les farines russes ou suédoises, le riz, le café, les étoffes et les parties de vêtements qu'ils ne fabriquent pas eux-mêmes, quelques ustensiles, etc. Il a près de sa demeure le puits couvert qui ne gèle pas. Ce n'est qu'exceptionnellement que le marchand donne monnaie, en vue du payement des impôts, par exemple, ou autres frais d'une nature analogue. Quelques-uns de ces marchands font rapidement fortune, dit-on. Mais cette institution doit nous intéresser surtout ici en ce qu'elle constitue un mode de patronage qui a rendu les plus grands services à ces populations clairsemées et dépourvues d'initiative. Le marchand de Mortensnœs n'y est établi que depuis six années; il y avait trouvé installées nos deux familles laponnes; les Finnois, au contraire, n'y sont venus qu'après lui et encouragés par sa présence.

La famille laponne que j'ai étudiée comprend huit personnes :

Jol Andersen, 32 ans, chef de la famille.

Ellen Berrit Gretesdatter, sa femme, 30 ans.

Berrit Jolsdatter, 60 ans, mère du chef de la famille.

Ellen Berritsdatter, sœur de celui-ci, 26 ans.

Le ménage a quatre enfants : deux filles de 6 et 4 ans; deux garçons, l'un de 2 ans, l'autre de 2 mois.

Cette famille est en parenté avec celle qui habite la seconde cabane et qui comprend une femme veuve, une fille de 22 ans et une fille plus jeune. Nos Lapons sont luthériens; ils fréquentent régulièrement le dimanche l'église de Nœseby, où sont faites les prédications en finlandais et en lapon; leurs enfants ont été baptisés à cette église. Le zèle des Lapons est si vif, dit-on, que les mères, plutôt que de manquer le prône, apportent quelquefois avec elles leurs enfants dans leur berceau, quitte à les bercer pendant toute la durée du prêche.

L'instruction étant obligatoire dans tout le royaume, les pêcheurs savent lire le lapon et le finlandais, mais ne savent pas écrire. Leurs enfants seront plus instruits; des règlements récents les obligent à fréquenter l'école de 8 à 15 ans : les familles sédentaires doivent les y envoyer douze semaines par an, moitié au printemps, moitié en automne; les nomades ne sont obligés qu'à neuf semaines de fréquentation, en janvier, février et mars, époque où les hommes seuls suivent les rennes que tous les membres de la famille accompagnent dans le reste de l'année. Les maîtres d'école ambulants du siècle passé ont disparu, comme les missionnaires nomades, avec l'installation d'écoles nombreuses et de paroisses plus rapprochées.

Sous cette double influence, les années qui précèdent les mariages sont innocentes, et quand l'âge de vingt-cinq ans est venu, si les jeunes gens, en se mariant, ne s'apportent pas de grandes richesses, ils se sont appréciés depuis longtemps dans une vie toute au grand jour. En signe de la demande en mariage, le jeune homme a envoyé un mouchoir brodé et quelque menue bijouterie de cuivre, d'étain ou tout au plus d'argent; la famille a reçu en même temps un don de spiritueux ou de viande; cela suffit pour que le consentement soit acquis si mouchoir et victuailles ne sont pas renvoyés.

Les nouveau-nés doivent être baptisés, quelle que soit la distance de la station, dans les deux années qui suivent la naissance. Le jour du baptême, un cadeau est fait par les parents au pasteur, une bourse en peau de renne, par exemple, ou une pochette à tabac. De son côté, le parrain constitue à son filleul un commencement de dot par l'apport d'une renne pleine, dont le produit et le croît s'augmentent à son bénéfice jusqu'à sa majorité. C'est d'ailleurs tout ce que, garçon ou fille, il aura en propre, l'héritage paternel, quoique régi par la loi norvégienne, demeurant en communauté permanente entre les enfants. Quand le parrain n'est pas en possession de rennes, son cadeau se compose de bétail d'une autre espèce; l'une des vaches que possède la famille que nous étudions a été le cadeau fait au dernier-né par son parrain.

Notre famille est propriétaire de sa maison, de deux barques et de deux vaches. Elle n'a pas d'engagements contractés pour son travail, soit avec le marchand, soit avec les propriétaires finnois qui l'avoisinent. Elle peut être cependant considérée comme liée avec le marchand, par une dette de 100 kronors de marchandises fournies l'année dernière à crédit, la saison de pêche ayant été exceptionnellement mauvaise; c'est une dette un peu lourde, si nous en jugeons par la valeur des propriétés de la famille et de ses revenus ordinaires. L'habitation avec son contenu, les vêtements exceptés, peut être évaluée de 40 à 50 kronors; les filets et les barques valent de 150 à 200 kronors; les deux vaches : l'une, 80 kronors; l'autre, 100 kronors, parce qu'elle se trouve à la saison de la parturition. La saison de pêche d'avril à septembre, dans tout le golfe de Varanger, produit ordinairement une moyenne de 300 kronors; il en est consommé dans la famille ou échangé avec des navires de passage pour une cinquantaine de kilogrammes par année. Les vaches produisent trois litres de lait par jour.

Il est vrai que d'assez importantes subventions viennent s'ajouter à ces recettes. La tourbe est en abondance autour des lacs du Stor-Fjeld et suffirait presque au chauffage de l'habitation pour l'année entière. Le bois à prendre dans des conditions prévues n'est qu'à une heure de distance sur cette montagne. Pendant la belle saison, les vaches y sont menées paître, et l'herbe qui croît plus près de la maison peut être amassée et conservée pour l'hiver; en outre, la chasse fournit en oiseaux de marais et de forêts une importante augmentation d'aliments. La prise de quelques animaux à fourrure vient aussi ajouter parfois une autre recette à ce petit budget. L'hiver, les travaux de magasins, chez le marchand, les confections du guano et de l'huile de foie de morue aideront, d'autre part, à éteindre en partie la dette de la famille.

LE PHOTOGRAPHE DE L'EXPÉDITION (COSTUME D'HIVER).
(Cliché de M. Escard.)

Hommes et femmes vivent complètement ensemble et n'ont qu'une pièce pour travailler, se reposer et prendre leurs repas : ceux-ci sont composés d'ordinaire de poisson, de riz ou de pain fait au foyer de la famille, auxquels on n'ajoute que très rarement soit de la viande de baleine, reçue en passant devant Vadsö, soit un quartier de renne acheté par occasion aux bergers des plateaux voisins; dans cette dernière circonstance, les deux familles laponnes de Mortensnœs se réunissent et établissent leurs dépenses réciproques en proportion de leur consommation. Chaque année une des deux vaches doit produire un veau, qui sera mangé solennellement au temps des fêtes de Noël. Pendant tout l'hiver le poisson est mangé sec; quand la mer « est découverte » pendant la saison rigoureuse, ils peuvent quelquefois cependant manger un peu de poisson frais.

La maison est faite de plaques de gazon, posé les racines en

VUE DE HAMMERFEST.
(Cliché de M. Escard.)

dehors, et qui reverdit ensuite. A la distance de quelques pas à peine, on dirait une de ces cahutes abandonnées par les cantonniers, qui, une , tion de route terminée, sont allés plus loin porter leurs outils.

Elle comprend trois corps de construction d'une hauteur de deux mètres sur huit de largeur : le logis principal, avec le foyer central; l'étable, formant l'aile opposée de la demeure; entre les deux, les reliant, l'entrée, dont le fond sert de dépôt pour plusieurs sortes de denrées. En dehors de ces trois corps, la maison comprend aussi un séchoir en arrière et deux magasins en contre-bas de la route de Nœseby qui passe devant la porte du gamme : celle-ci est ouverte au sud-est. Entre la maison et le séchoir est la petite citerne, ou puits à fleur de terre, sous un rocher de quelques centimètres de haut.

Dans l'étable est un réduit pour les vaches; cette pièce est en outre débarrassée de tous les ustensiles ménagers; ceux-ci sont relégués dans le couloir. Dans la chambre habitée, deux lits sont placés chacun dans un angle, séparés par le foyer; l'un des lits est fait de brindilles de bouleau et de peaux de renne; l'autre lit est sur pieds, très bas. Quelques outils d'usage fréquent sont seuls accrochés dans cette pièce, qui est privée de toute sorte de sièges. Un coffre en tient lieu : on y serre les vêtements. Un semis de feuilles déchirées de bouleau ou de sapin est répandu ordinairement dans l'entrée et autour du foyer où se tient la famille.

Dans cet intérieur peu fortuné, la petite fenêtre laisse dans l'obscurité les objets; — nous distinguons cependant un petit berceau avec un enfant de deux ou trois mois qui est suspendu dans le couloir, puis la mère qui prépare le pain. Cette femme, accroupie non loin du foyer, mêle d'abord dans un vase en bois sa farine d'avoine avec de l'eau tiède; elle en a bientôt fait une boule qu'elle serre et pétrit dans ses mains; puis elle la replace au fond du vase, et là, d'un coup de poing, l'écrase en forme d'écuelle; sous sa main, comme l'argile entre les doigts du potier, elle s'allonge et s'amincit selon la capacité du vase au fond duquel elle est pressée en tournant; puis elle est dressée dans cet état, à peu près debout, près des cendres du foyer, où elle est séchée d'abord, puis tournée, retournée et enfin roussie, plutôt que cuite à point. Nous avons mangé de cette galette : avec du lait de renne et en petite quantité, elle n'a pas trop pesé à nos estomacs. Quant au lait lui-même, il m'a paru trop sucré et trop onctueux, trop gras, avec le goût du lichen qu'on donne en tisane aux enfants enrhumés : bien propre pour les pays froids, par conséquent, et, comme l'huile de foie de morue, pouvant offrir un exemple de plus de l'harmonie qui existe entre les milieux et les besoins.

C'est autour du foyer qu'est le plus souvent dressé le couvert; la galette sert d'assiette, portée sur les genoux; le poisson, ou la chair, cuits sur la braise, forment le plat essentiel, et chacun en prend sa part en bloc, ou bouchée par bouchée, à l'aide d'un morceau de bois affilé qui sert de fourchette individuelle; on mange ainsi à peu près toute la journée, avec accompagnement de café édulcoré de beurre, de fromage ou de lait de renne. Le reste du temps, on fume. Dans les familles de pasteurs, les rennes travaillent à peu près spontanément à faire leur lait, leur poil et leur chair; ils suffisent ainsi presque complètement à faire vivre leurs maîtres, qui se procurent farine, condiments, étoffes, en vendant les peaux et les bois qui ne leur sont pas d'une nécessité absolue. Les pêcheurs ont plus à faire, même l'hiver, et, à défaut des rennes, vivent du poisson et par le poisson. — Dans les huttes, les lits ne font qu'un avec le sol, composés comme ils sont de peaux de renne ou autres fourrures étalées sur un matelas de brindilles de bouleau sans toile. Ces branchages couvrent ordinairement toute la partie du sol que l'âtre central laisse libre; là, on s'allonge au hasard, dans la fumée et au milieu des chiens.

Ne nous apitoyons pas trop sur la misère présente, plus apparente d'ailleurs que réelle, de nos Lapons. Nous devrions plutôt les envier peut-être. De la vie simple, de l'existence primitive des hommes, ils ont tous les avantages; les productions du sol et des eaux à leur portée; des cueillettes faciles et abondantes; la santé et l'intelligence; — de la civilisation, ils reçoivent les bienfaits de l'instruction et la sécurité. Voudriez-vous les voir mieux vêtus, plus délicatement nourris, logés avec plus d'aisance, ils vous répondront que leur longévité, la rareté des maladies parmi eux prouvent que leur alimentation et leur habillement sont parfaitement appropriés aux besoins de leur climat. Leur maison n'est pas aussi élégante que les habitations en bois des Norvégiens et des Finnois, mais elle ne risque rien de l'incendie, elle est plus chaude l'hiver et plus fraîche l'été. Un gouvernement peu exigeant les protège contre les autres et contre eux-mêmes, et il les secourt dans les cas exceptionnellement graves de malechance ou de pauvreté; enfin, la présence du patron-marchand leur assure, quoi qu'il arrive, le pain quotidien. Pour changer de milieu, n'arriver d'ailleurs qu'à la vie plus précaire d'un ouvrier d'atelier urbain, il leur faudrait aller vers le Sud, au moins jusqu'à Throndhjem. Pour quelques plaisirs de plus qu'ils pourraient goûter dans les villes, ils y perdraient la meilleure part d'eux-mêmes et le paisible bonheur dont ils savent sagement se contenter.

. . . .

Nous voilà, avec eux, arrivés à un total de 139 Lapons ou Laponnes, étudiés sur toutes les coutures, et, pour la plus grande partie, mesurés par le prince Roland lui-même. Le résultat est excellent. Il est temps, maintenant, de reprendre le chemin du Midi. Lorsque nous sommes rentrés à Hammerfest par une pluie continue (notre quatrième débarquement y ressemble peu aux précédents), un falot brûle dans une barque; deux ou trois boutiques jetant à peine quelques lueurs; hommes et femmes se promenant devant le port, sous des parapluies, pour profiter des dernières tiédeurs fuyantes d'août. En effet, ils sentent venir leur long hive , leur longue nuit de six mois, qui nous chasse.

Ayant donc laissé le Finmark et le Norland dans leurs brumes, nous avons revu Tromsö, Bodö, Throndhjem et, par Ostersund, atteint cette belle oasis des eaux, la vraie capitale de la Scandinavie, Stockholm.

F. Escard.

FEMME LAPONNE. — COSTUME D'ÉTÉ.

(Cliché de M. Escard.)

Le gérant : J. BOURDEL. · PARIS, TYP. DE E. PLON, NOURRIT ET Cie. — 4055.

www.ingramcontent.com/pod-product-compliance
Ingram Content Group UK Ltd.
Pitfield, Milton Keynes, MK11 3LW, UK
UKHW022200190726
13855UKWH00004B/1560

9 782013 077385